Ricky Roogle

Notizbuch

AF285420

KEIN OFFIZIELLES INNERSLOTH-PRODUKT. NICHT VON INNERSLOTH GENEHMIGT ODER MIT INNERSLOTH VERBUNDEN.

Bibliografische Information der Deutschen Nationalbibliothek:
Die Deutsche Nationalbibliothek verzeichnet diese Publikation in der Deutschen Nationalbibliografie; detaillierte bibliografische Daten sind im Internet über http://dnb.dnb.de abrufbar.

© 2021 Ricky Roogle; 1. Auflage
Covergrafik, Texte & Illustrationen © 2021 Ricky Roogle
Kontakt Autor: ricky.roogle@t-online.de
Herstellung und Verlag: BoD – Books on Demand, Norderstedt
ISBN: 9783752641882

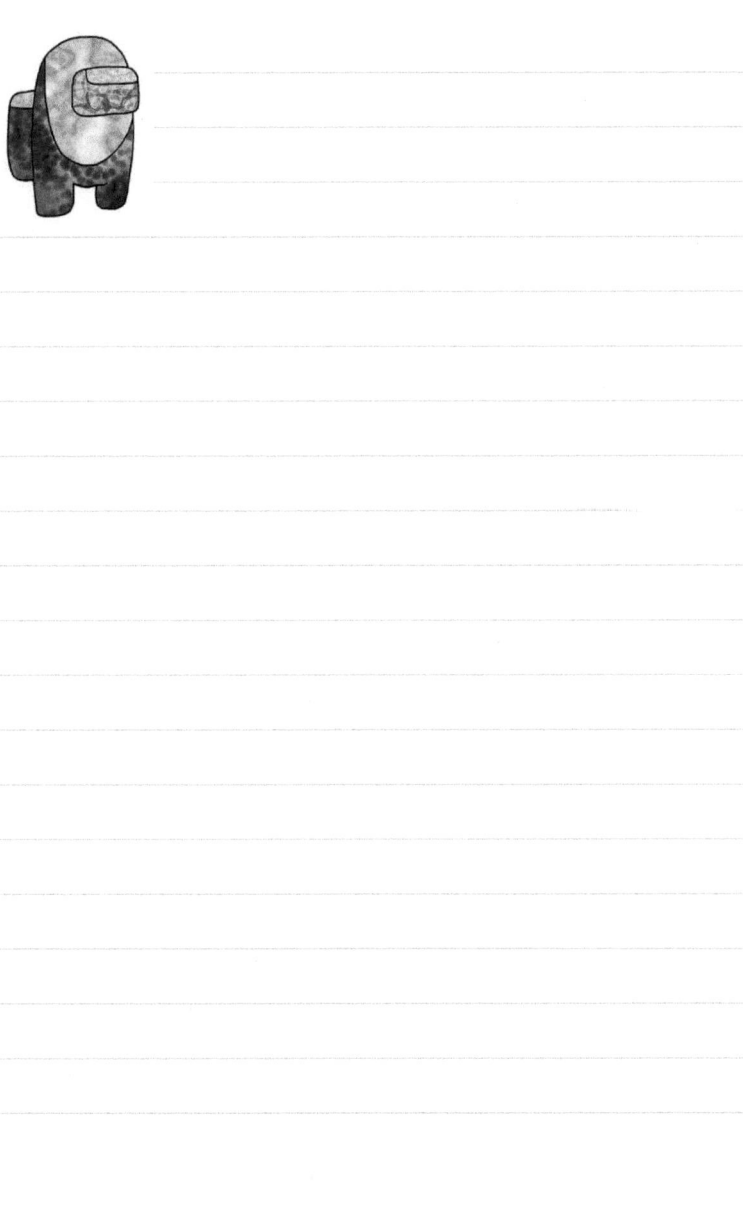

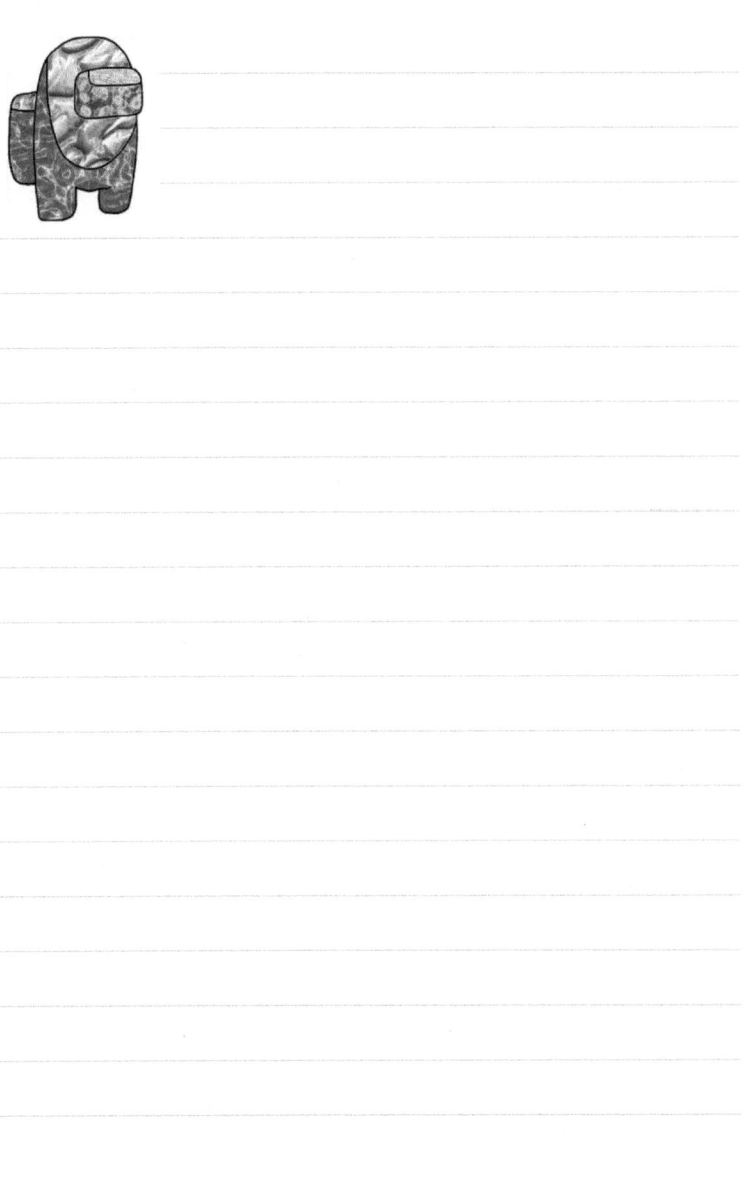

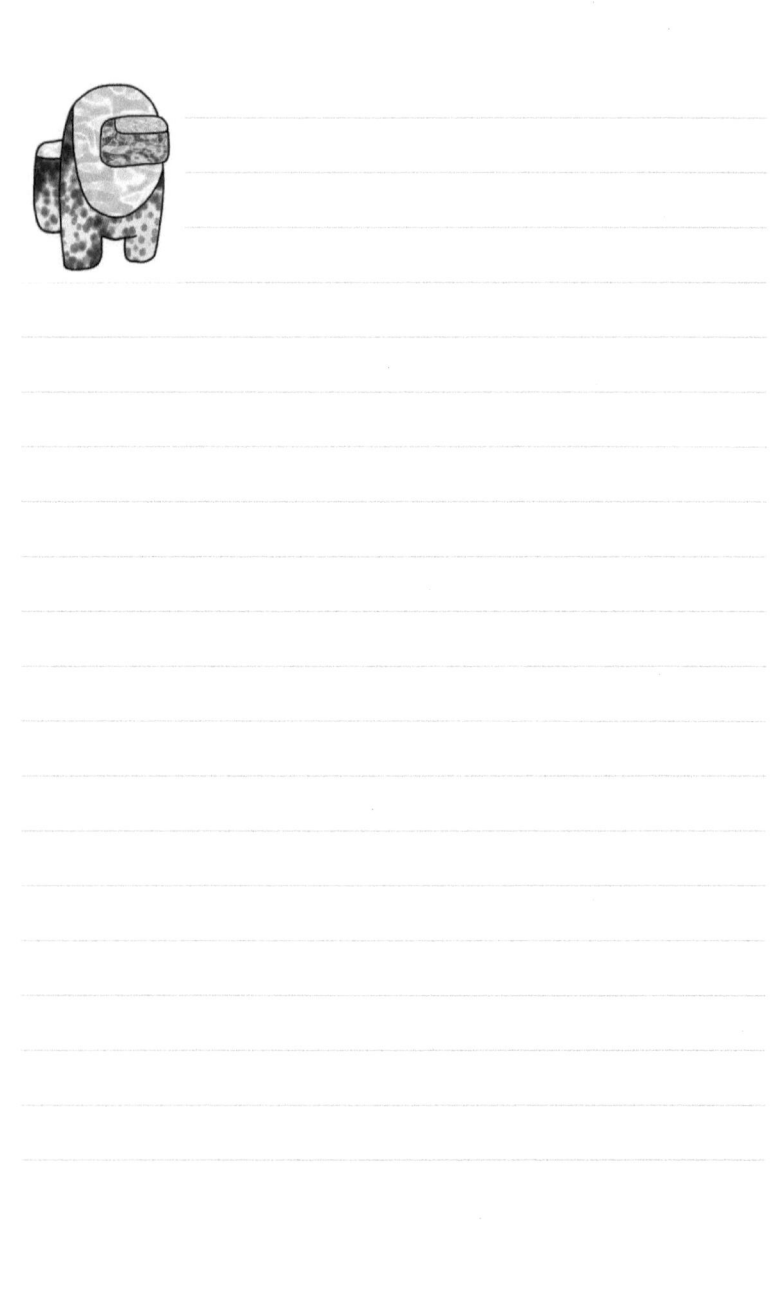

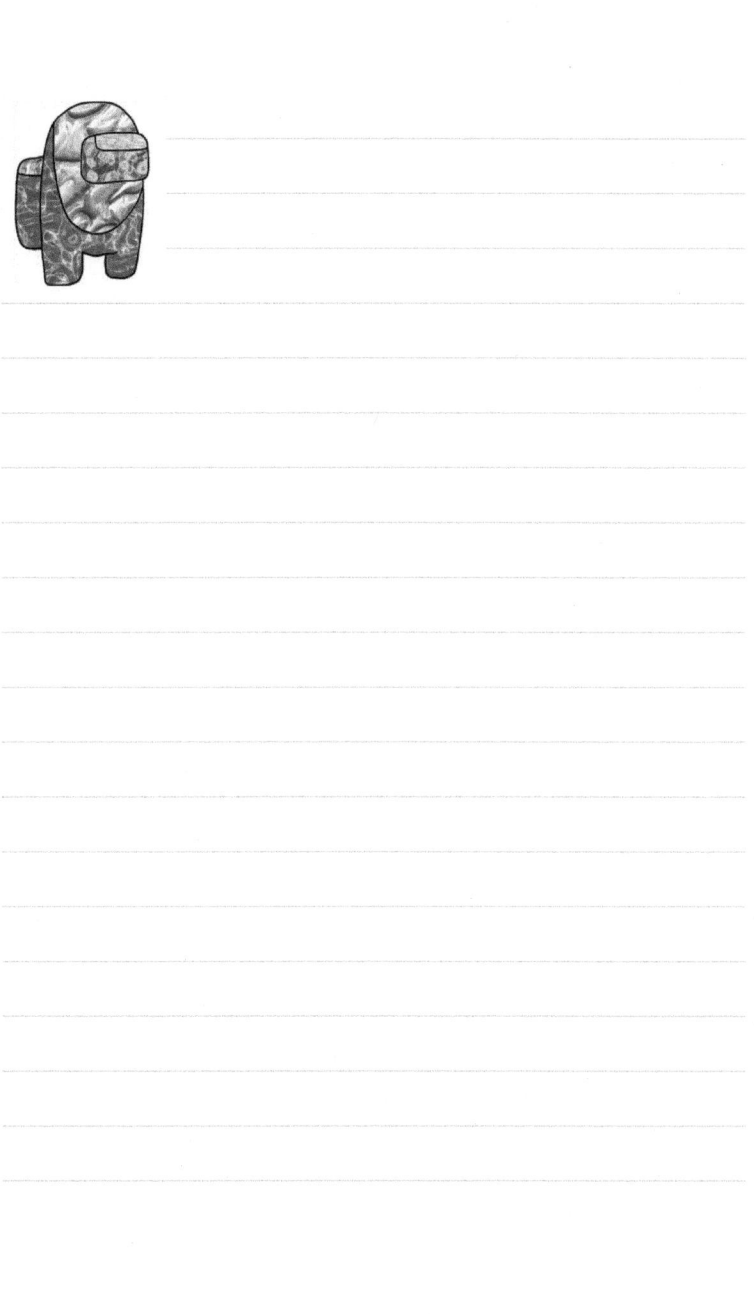

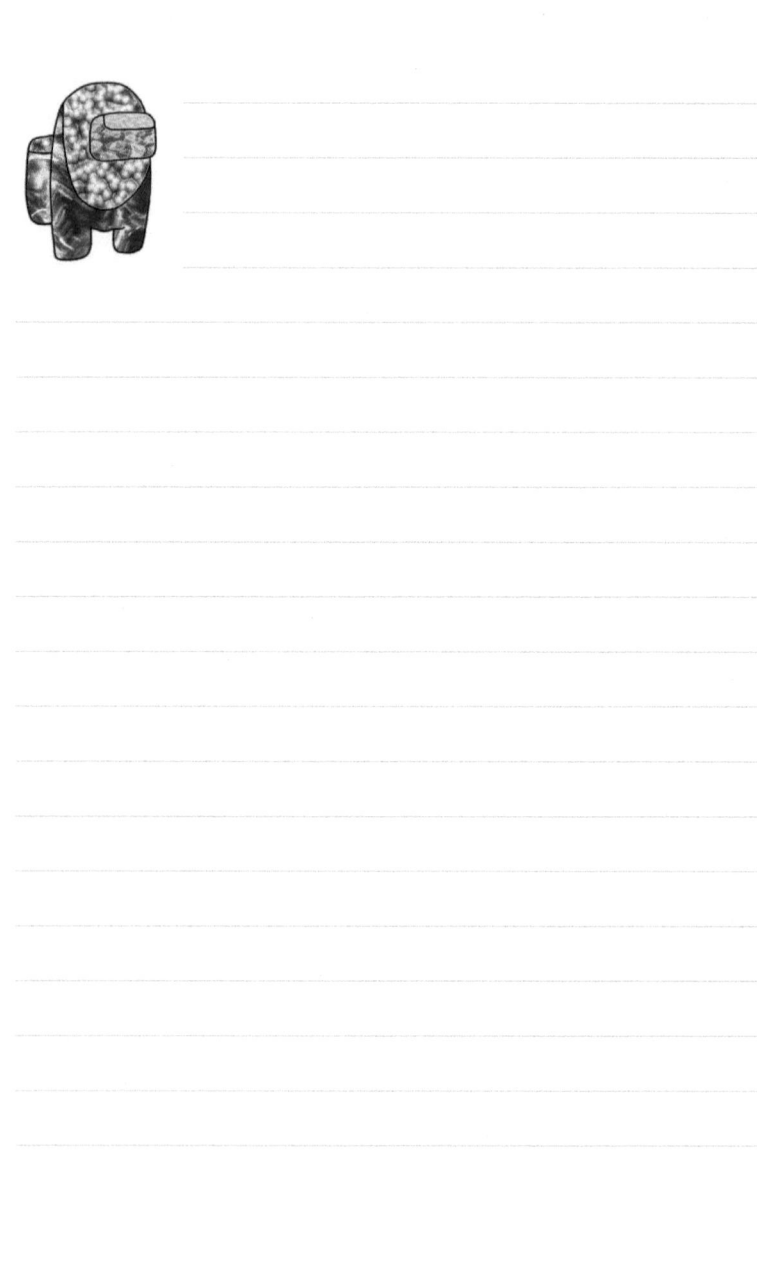

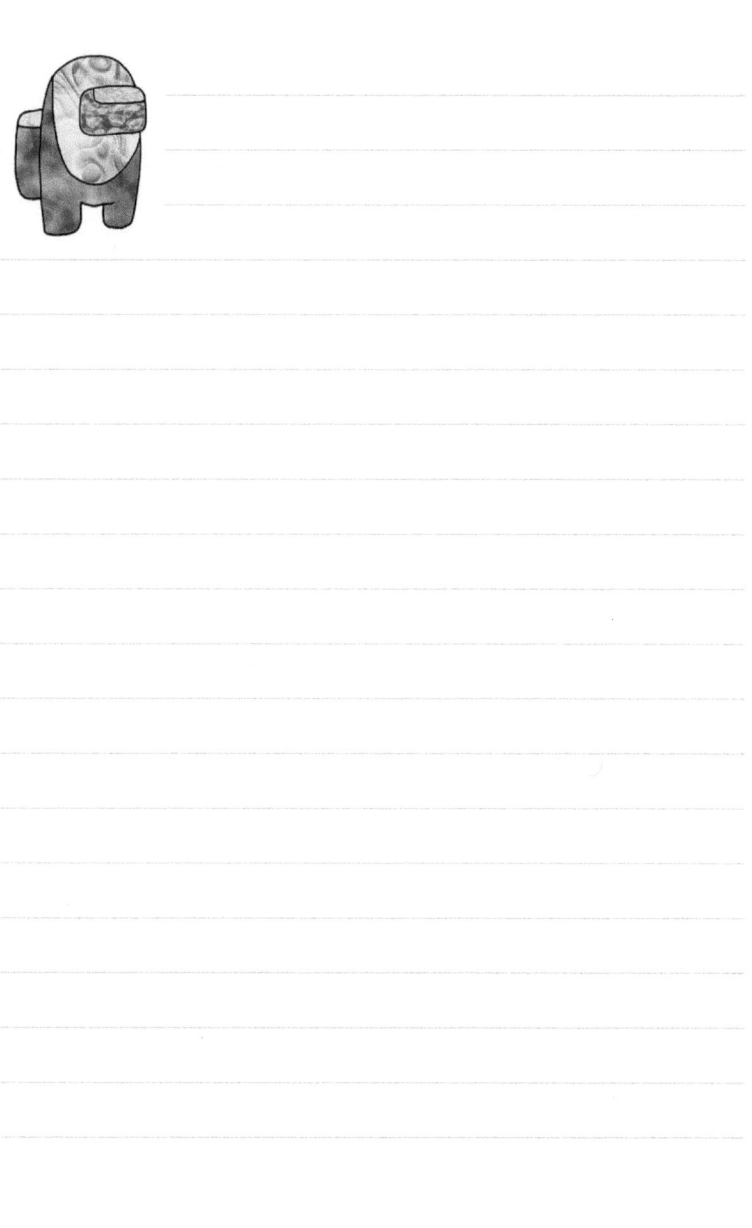

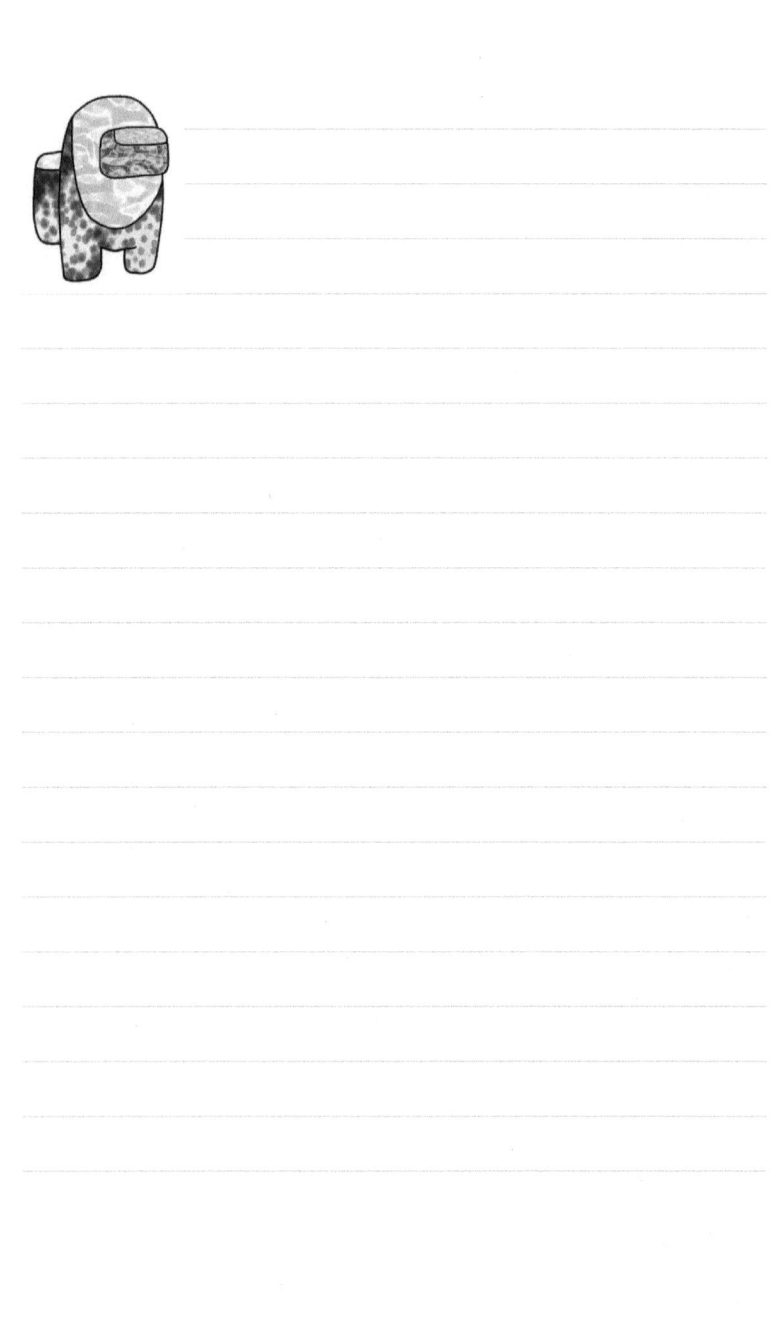

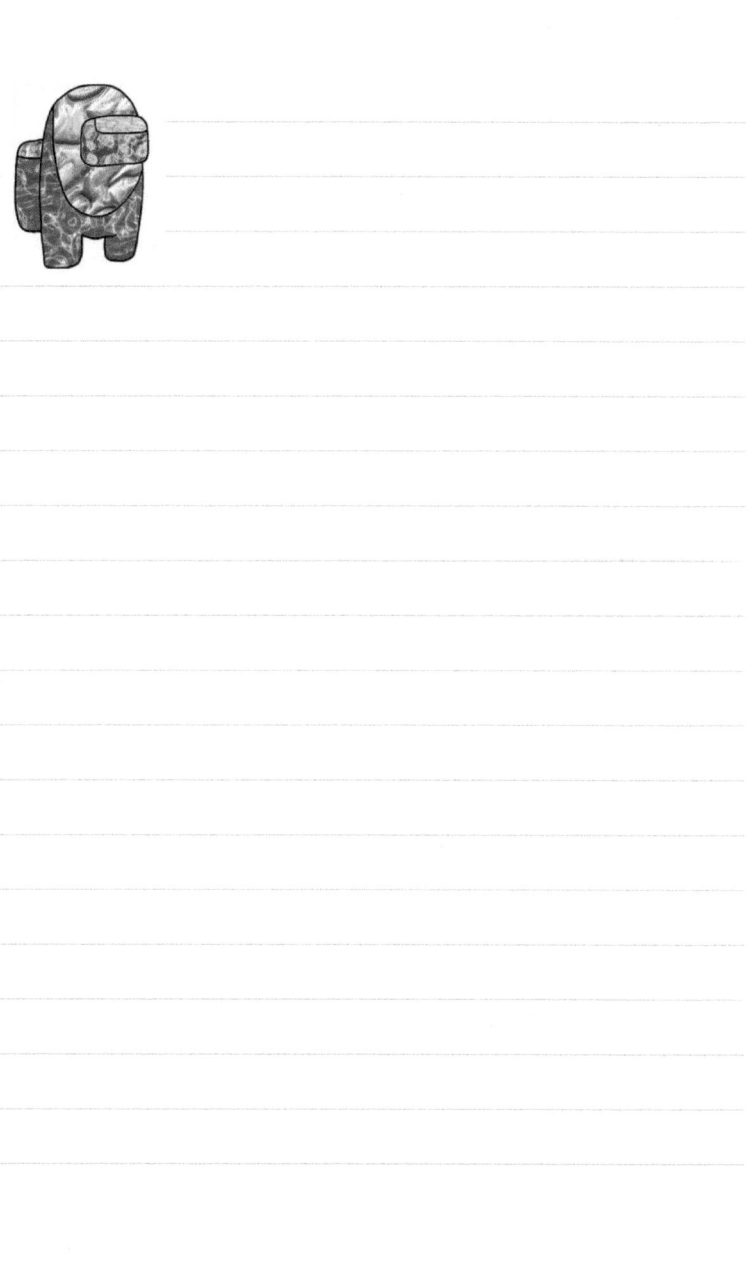

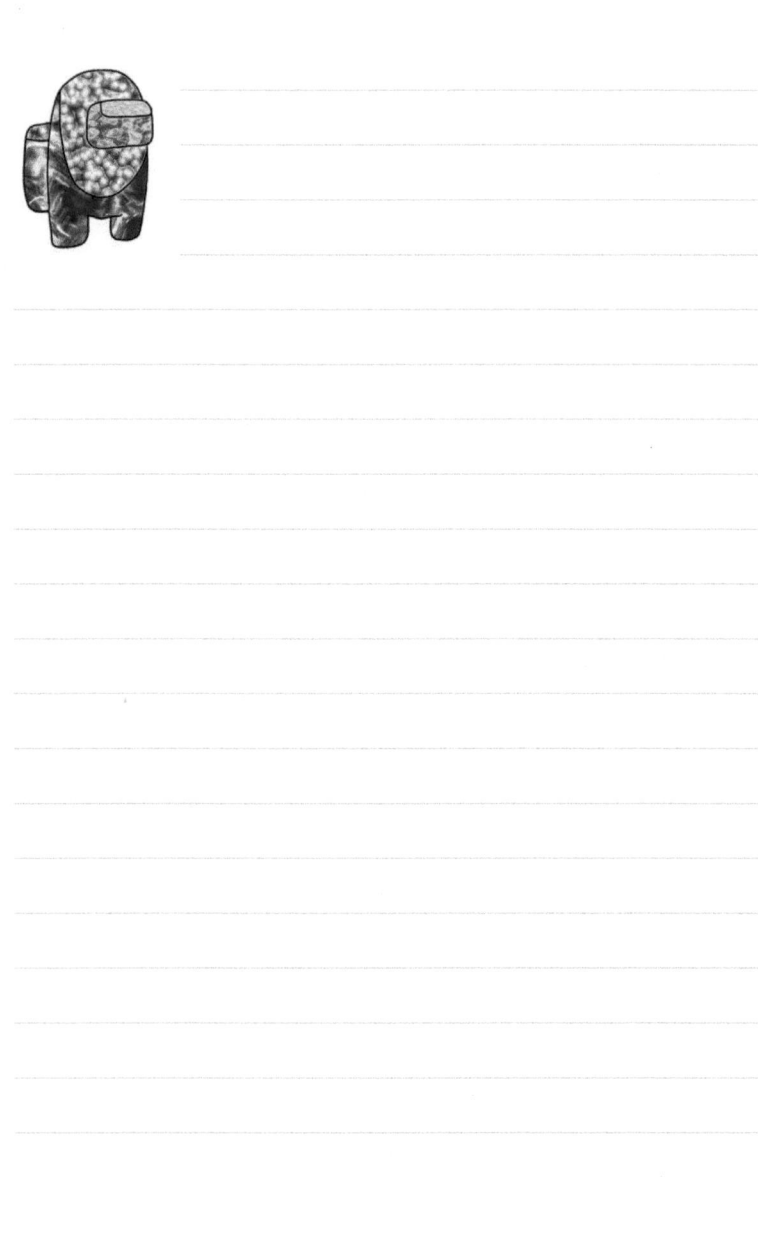

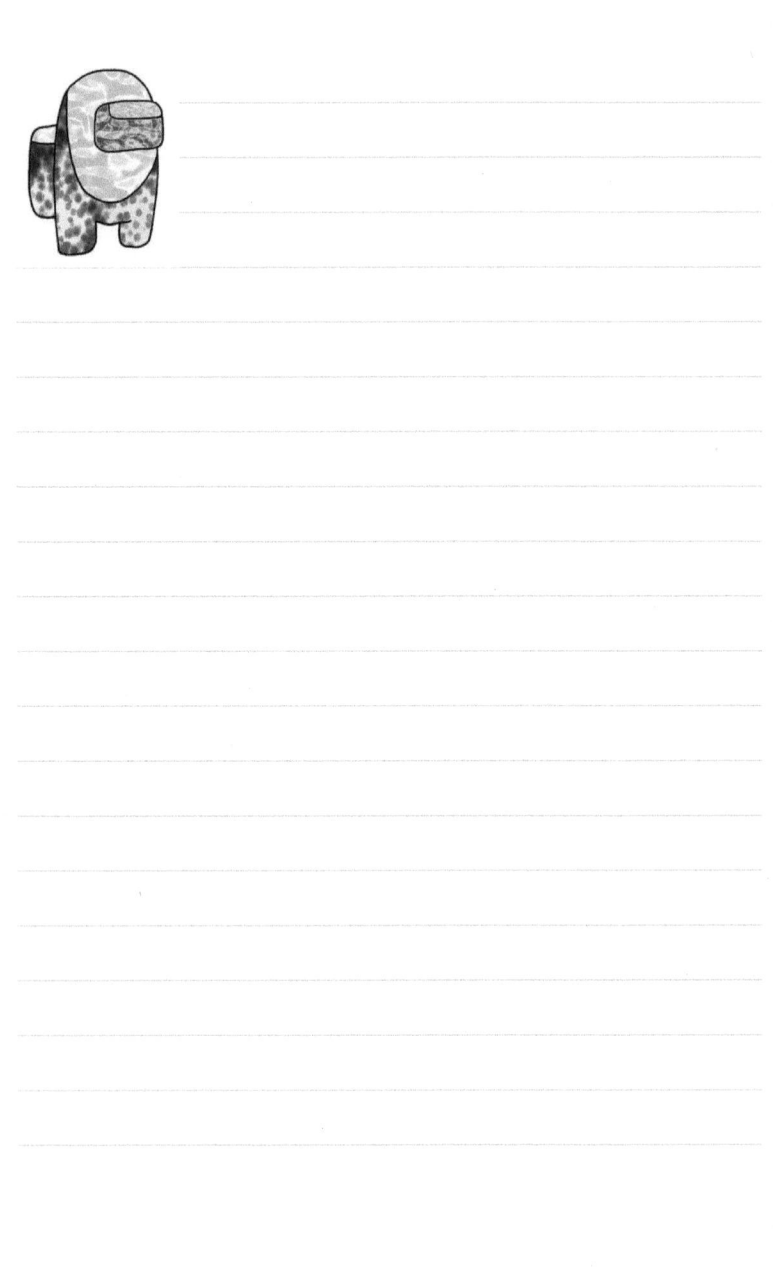

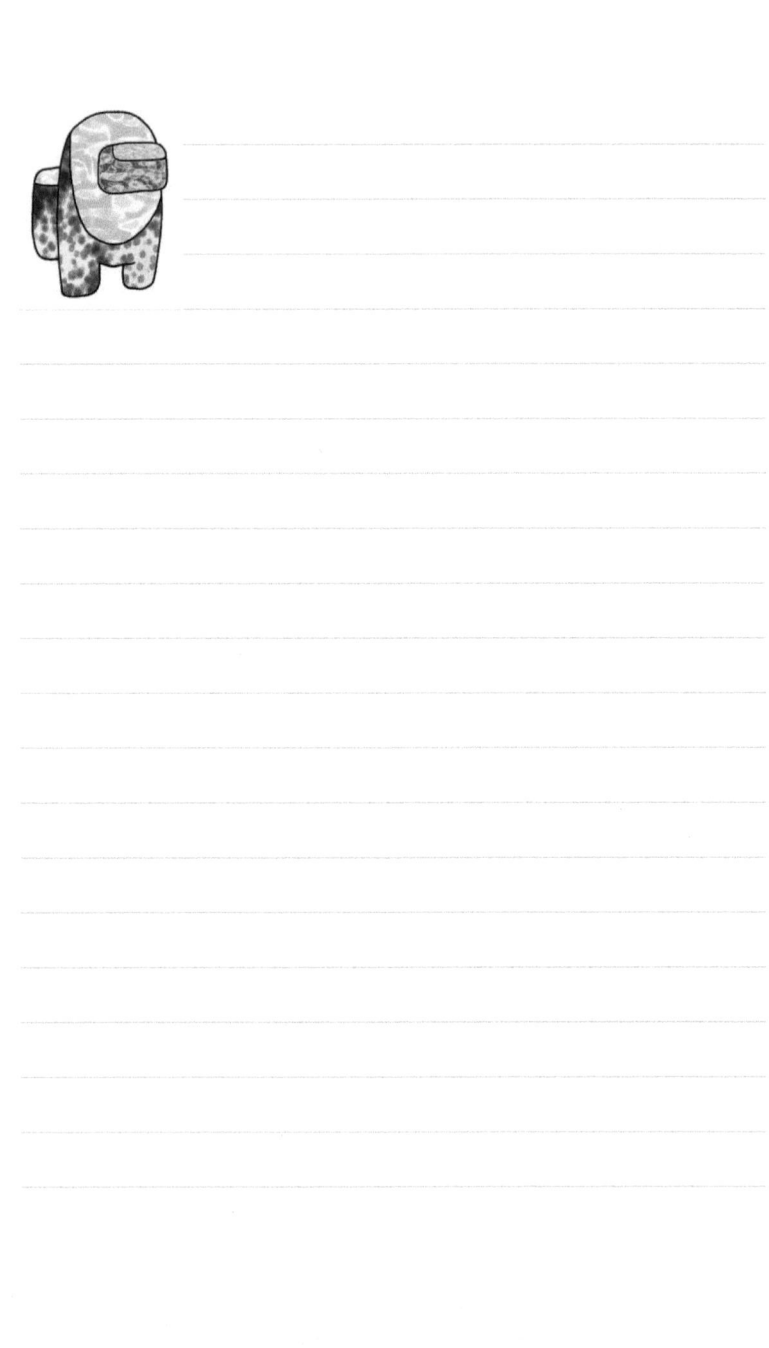

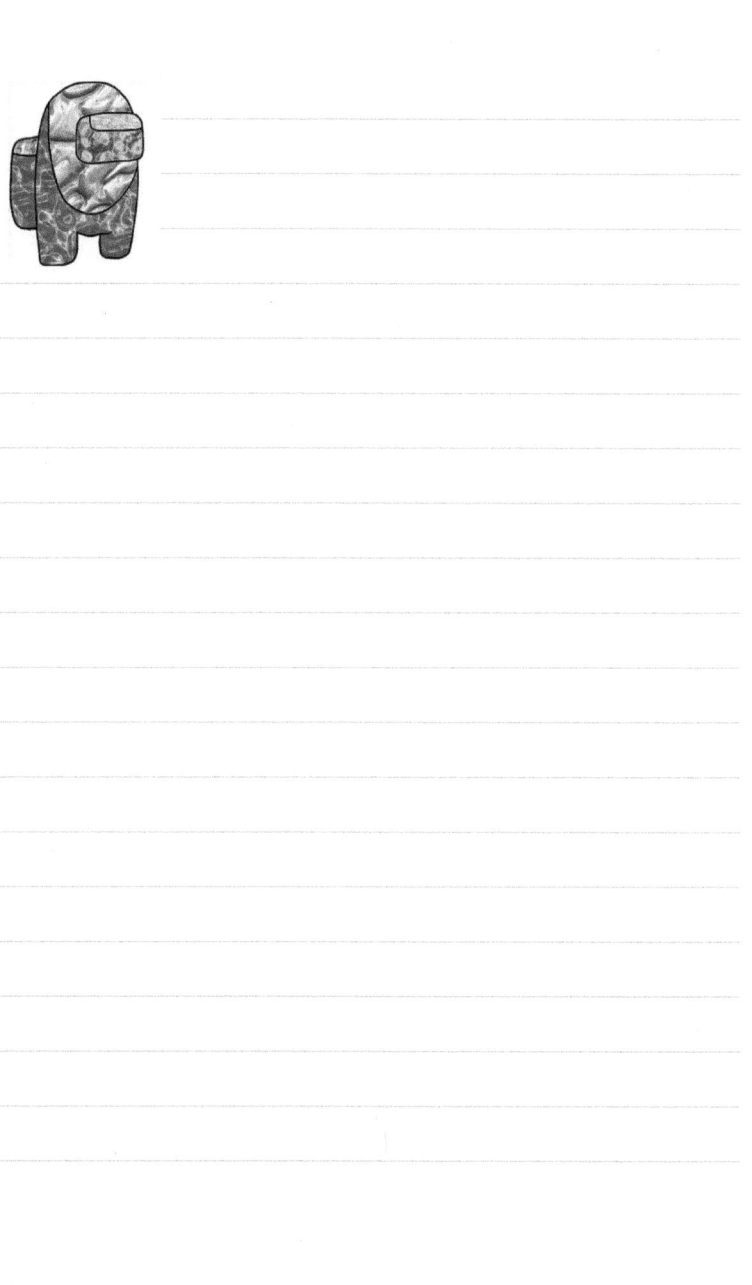